Sarah Damak

Pâtisseries Tunisiennes

MAISON YAMAMA
EDITION & DIFFUSION

Prise de photos :
Salma M'BAREK
Abdelhamid BOUCHNAK

Création graphique:
YAMAMA

Sommaire

Assida aux noisettes

Préparation :
30 minutes

Cuisson :
30 minutes

Ingrédients

- 1 litre et 1/2 d'eau
- 500 g de noisettes moulues
- de 250 à 300 g de farine
- 100 g de sucre
- 1/2 boite de lait concentré sucré

Pour la garniture :

- des amandes hachées, des pistaches hachées, des noisettes, des pistaches et des pignons entiers

Pour la crème :

- 1 litre de lait
- 4 cuillerées à soupe d'amidon
- 4 cuillerées à soupe de sucre
- 2 jaunes d'œuf
- 2 cuillerées à soupe d'eau de géranium

Préparation :

- Faites griller les noisettes, décortiquez et hachez-les jusqu'à obtention d'une pâte, (on peut les acheter hachées).
- Diluez la pâte de noisette dans l'eau, ajoutez la farine puis filtrez, mettez sur le feu tout en remuant continuellement à l'aide d'une spatule jusqu'à épaississement, ajoutez le sucre et le lait concentré, continuez de remuer pour avoir un mélange homogène, ajoutez un peu d'eau si l'assida est trop épaisse.
- Une fois l'assida prête, ajustez le sucre selon votre goût et retirez du feu.
- Versez-la encore chaude dans des coupes aux 2/3 de leur volume, versez la crème chaude dans les coupes et garnissez de pistaches moulues, d'amande et de pignons.
- Pour la préparation de la crème : diluez l'amidon, les œufs et le sucre dans le lait froid, mettez sur le feu et remuez continuellement jusqu'à épaississement de la crème, ajoutez l'eau de géranium et ajustez le sucre.

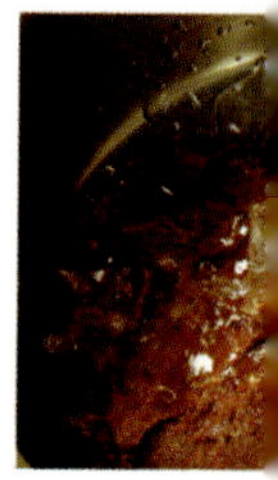

1

2
3
4

Assida aux pistaches

Préparation :
15 minutes

Cuisson :
35 minutes

Ingrédients

- 250 g de pistaches
- 100 g de sucre
- 75 cl d'eau

Pour la crème
(voir assida aux noisettes mêmes ingrédients et même préparation page 4-5)

Pour la garniture :
- pistaches moulues

Préparation :

- Dans une poêle faites griller les pistaches pendant 2 ou 3 minutes.
Hachez dans le hachoir à viande jusqu'à obtention d'une pâte.
- Diluez-la dans l'eau, ajoutez la farine et pétrissez bien avec la main.
- Versez dans un faitout et mettez sur feu doux tout en continuant de remuer jusqu'à épaississement, ajoutez le sucre et mélangez à l'aide d'une spatule, ajoutez un peu d'eau si l'assida est trop épaisse.
- Dès ébullition du mélange, l'assida est prête, versez dans des bols aux 2/3, laissez refroidir un peu puis couvrez de crème déjà préparée et garnissez de pistaches moulues.

1

2

3

Assida Turque

Préparation : 20 minutes

Cuisson : 45 minutes

Ingrédients

- 250 g de semoule fine
- 100 g de beurre
- 1/2 boîte de lait concentré sucré
- 1 litre de lait
- 150 g de noisettes
- 100 g de sucre (5 cuillerées à soupe environ)

Pour la crème :

(voir préparation de la crème dans la recette de l'assida aux noisettes page 4-5)

Pour la garniture :

- 150 grs de fruits secs moulus

Préparation :

- Dans une poêle, mettez un peu de beurre, faites revenir un peu de semoule, ajoutez petit à petit toute la semoule et terminez avec le beurre et la semoule.
- Faites griller les noisettes et hachez-les jusqu'à obtention d'une pâte.
- Mélangez la semoule et la pâte de noisettes, diluez dans le lait et portez sur le feu, remuez continuellement jusqu'à cuisson de l'assida, ajoutez le sucre et le lait concentré, si l'assida est épaisse ajoutez un peu de lait pour qu'elle devienne molle.
- Versez-la dans des bols aux 2/3 puis couvrez de crème et garnissez de fruits secs moulus.

1

2

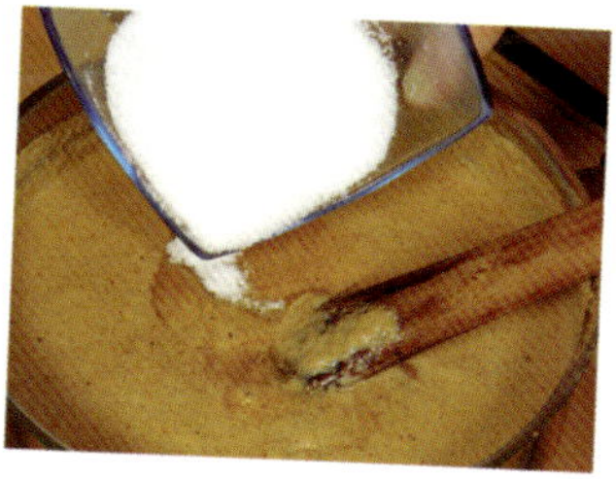

3

Assida aux graines de pins (zgougou)

Préparation : 30 minutes

Cuisson : 60 minutes

Ingrédients

- 1 kg de graines de pins
- 750 g de farine
- de 250 à 300 g de sucre
- de 2 à 3 litre d'eau

pour la crème :

- 2 litres et 1/2 de lait
- 200 g de sucre
- 5 cuillerées à soupe d'amidon
- 3 jaunes d'œuf
- 3 cuillerées à soupe d'eau de géranium

pour la garniture :

- fruits secs broyés, fruits secs entiers : pistaches, pignons, amandes, noisettes, noix

Préparation :

- Triez les graines de pin, mettez-les dans un tamis et lavez-les, faites-les sécher.
- Faites-les griller dans un four ou dans une poêle à température moyenne pendant quelques minutes.
- Hachez plusieurs fois dansle hachoir à viande jusqu'à obtenir une pâte souple et lisse.
- Diluez dans un litre et 1/2 d'eau, filtrez à l'aide d'un tamis fin tout en appuyant.
- Recommencez le filtrage deux ou trois fois en ajoutant une quantité d'eau, ainsi jusqu'à ce qu'il ne reste que les écorces, conservez le dernier filtrage.
- Dans un faitout diluez la farine dans le jus de pin essoré en utilisant un fouet électrique ou à la main.
- Mettez le mélange sur le feu, remuez continuellement jusqu'à épaississement, fouettez à l'aide d'une grande spatule en bois quelques minutes, puis arrosez avec l'eau qu'on a conservée tout en remuant ; dès ébullition ajoutez le sucre, la couleur de l'assida devient plus foncée.
- Vérifiez le sucre, si l'assida est épaisse ajoutez un peu d'eau.
- Retirez du feu et versez dans les bols l'assida encore chaude, couvrez de crème et une fois refroidie, garnissez de fruits sec moulus et de fruits secs entiers selon le goût.

1

2

3

La zriga

Préparation : 15 minutes

Cuisson : 45 minutes

Ingrédients

Pour la crème

- 1 litre de lait
- 2 jaunes d'œuf
- 5 cuillerées à soupe de sucre
- 4 cuillerées à soupe d'amidon
- 2 cuillerées à soupe d'eau de géranium

Pour la farce :

- 250 g de fruits secs grillés et moulus (amandes, noisettes)
- 100 g de sucre glace
- 50 g de beurre
- 12 feuilles de brik
- 2 cuillerées à soupe d'eau de géranium

Pour la garniture :

- des pistaches moulues

Préparation :

- Mélangez les fruits secs avec l'eau de géranium et le sucre semoule. (vous pouvez ajouter un jaune d'œuf pour donner plus de fermeté et de douceur au mélange).
- À l'aide d'un pinceau spécial cuisine badigeonnez les feuilles de brik avec le beurre des deux côtés puis coupez en deux.
- Pliez les extrémités des moitiés de feuilles de brik, mettez une cuillerée du mélange de fruits secs, pliez pour obtenir des boudins, disposez-les dans un plat à four beurré, mettez au four pendant 10 minutes.
- Entre-temps, préparez la crème, mélangez le sucre, les 2 jaunes d'œuf et l'amidon avec le lait froid, mettez sur le feu et remuez jusqu'à épaississement de la crème, ajoutez l'eau de géranium, retirez du feu dès ébullition.
- Coupez les boudins de brik en 3 ou en 4, mettez dans une coupe et arrosez de crème.
- Garnissez de pistaches moulues, présentez la zriga chaude ou froide selon préférence.

7
8
2
3
4
5
6

Balouza zgougou

Préparation :
30 minutes

Cuisson :
20 minutes

Ingrédients

- 1 litre de lait
- 250 g graines de pin (zgougou)
- 200 g de sucre
- 100 g d'amidon
- fruits secs broyés pour garniture

Préparation :

- Triez les graines de pin, lavez bien, égouttez et broyez à l'aide d'un hachoir à viande, vous pouvez l'acheter broyé des magasins
- Dans un bol, diluez le zgougou déjà moulu dans 1 litre d'eau, pétrissez avec les mains puis passez-le dans un tamis très fin dans un faitout.
- Diluez l'amidon dans un verre de lait, versez-le sur le zgougou.
- Posez le faitout sur le feu tout en remuant pendant 20 minutes environ, ajoutez le sucre et le reste de lait ; une fois le mélange homogène et épais, vérifiez le sucre et retirez du feu dès ébullition.
- Versez la balouza dans des coupes et garnissez de fruits secs broyés et de pignons, au choix.

1

3

Balouza aux noisettes

Préparation :
30 minutes

Cuisson :
20 minutes

Ingrédients

- 1 litre de lait
- 300 g de noisettes
- 200 g de sucre
- 100 g d'amidon

Pour la garniture :

- 50 g de pistaches
- 50 g de pignons

Préparation :

- Dans une poêle, faites griller les noisettes pendant quelques minutes, frottez-les pour enlevez les écorces, hachez jusqu'à obtention d'une pâte huileuse.
- Diluez l'amidon dans le lait, ajoutez la pâte de noisettes et battez à l'aide d'un fouet électrique, ajoutez le sucre au mélange et mettez sur le feu, remuez continuellement à l'aide d'une cuillère en bois pendant 15 à 20 minutes jusqu'à obtenir une crème épaisse, vérifiez le sucre selon le goût, dès ébullition, retirez du feu.
- Ajoutez un peu de lait si elle est trop épaisse.
- Versez immédiatement dans les coupes et garnissez de pistaches et de pignons.

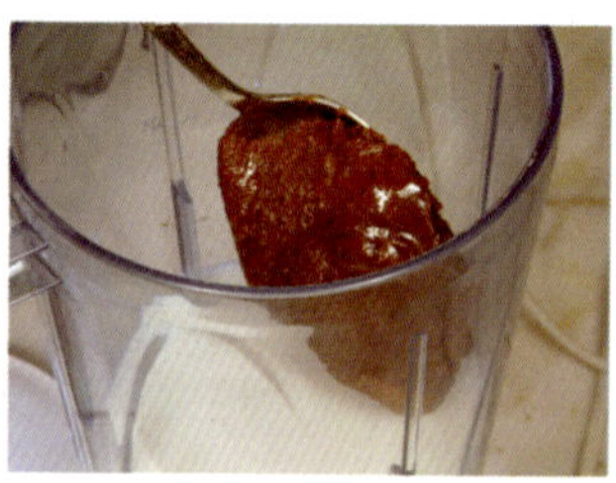

1

2

Bouza au sorgho et aux graines de sésame

Préparation :
15 minutes

Cuisson :
30 minutes

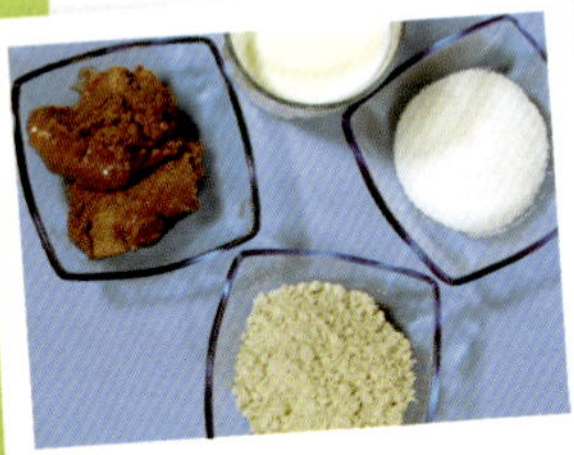

Ingrédients

- 350 g de sorgho en poudre
- 150 g de graines de sésame
- 200 g de sucre
- 1 litre de lait
- 1 litre d'eau

Préparation :

- Triez les graines de sésame, lavez à l'eau courante dans une passoire, faites sécher au four ou dans une poêle à feu doux, puis moulez bien à l'aide du mixer (on peut l'acheter moulu).
- Tamisez la semoule de sorgho, diluez dans l'eau tout en remuant pour obtenir un mélange homogène.
- Faites-le passer dans un tamis fin ou dans un torchon.
- Diluez le sucre et mettez sur feu moyen, ajoutez le lait, remuez continuellement à l'aide d'une spatule pendant environ 20 minutes, ajoutez alors les graines de sésame en poudre tout en continuant de remuer.
- Une fois le mélange homogène, vérifiez le sucre (selon goût), dès ébullition retirez du feu.
- Versez la bouza dans des coupes, présentez chaude ou froide selon préférence
- Saupoudrez de noisettes ou de pistaches moulues.

1
2
3

Biscuits à la crème

Préparation :
30 minutes

Cuisson :
0 minute

Ingrédients

- 100 g de biscuits
- 50 g de beurre
- 100 g de fruits secs hachés (noisette, amandes)
- 2 œufs
- 1 cuillerée et 1/2 de sucre
- glace
- 1 verre de café

pour la garniture :

- pistaches moulues

Préparation :

- Fouettez le beurre et le sucre pour rendre crémeux, ajoutez les 2 jaunes d'œuf et continuez de battre.
- Montez les blancs d'œuf en neige avec une pincée de sel.
- Incorporez délicatement le blanc d'œuf avec le mélange du beurre.
- Trempez rapidement les biscuits dans le café, disposez-les dans la coupe puis couvrez avec 2 cuillerées à soupe du mélange puis saupoudrez de fruits secs, continuez ainsi en alternant biscuit, crème, fruits secs. Terminez par une couche de fruits secs.

1 2

3

4

5

Mhalbia

Préparation :
10 minutes

Cuisson :
40 minutes

Ingrédients

- 250 g de riz blanc
- 150 g de sucre semoule
- 1 litre de lait
- 2 cuillerées à soupe d'eau de fleurs d'oranger
- un peu de sel

Pour la garniture :

- pistaches moulues

Préparation :

- Triez le riz et lavez-le à l'eau courante dans une passoire.
- Faites-le bouillir quelques minutes dans de l'eau bouillante, égouttez.
- Faites bouillir le lait avec une pincée de sel et le sucre puis ajouter le riz, le sucre et l'eau de fleurs d'oranger.
- Diminuez le feu, couvrez et laissez bouillir pendant environ 30 minutes tout en remuant de temps en temps à l'aide d'une fourchette jusqu'à obtenir une crème épaisse, vérifiez le sucre. Retirez du feu.
- Versez dans des bols et garnissez de pistaches.

1

2

3

Ourta

Préparation : 30 minutes

Cuisson : 30 minutes

Ingrédients

- 7 feuilles de brik
- 100 g de noisettes
- 100 g d'amandes
- 100 g de pistaches
- 50 g de beurre
- 150 g de sucre glace
- 1/2 verre d'eau de géranium

Pour le sirop :

- 1 cuillerée à café de jus de citron
- 2 cuillerées à soupe d'eau de géranium
- 500 g de sucre semoule
- 200 cl d'eau (un verre)

Pour la garniture :

- 50 g de pignons

Préparation :

- Faites griller les noisettes et les amandes, broyez-les à l'aide du moulin à fruits secs.
- Faites chauffer les pistaches pendant 5 minutes et broyez-les.
- Mélangez les fruits secs moulus avec le sucre glace.
- À l'aide d'un pinceau spécial cuisine, badigeonnez les feuilles de brik avec le beurre fondu.
- Disposez 5 feuilles de brik dans un plat, remplissez de fruits secs, puis repliez les bords et couvrez avec les deux feuilles de brik restantes.
- Mettez au four à température moyenne (180 °.) pendant 15 minutes.
- Préparez un sirop épais.
- Retirez du four, arrosez l'ourta de sirop déjà préparé et saupoudrez de pistaches moulues, garnissez de pignons.
- Remettez l'ourta au four encore chaude pendant 5 minutes pour absorber le sirop.

1

2

3

4

5

Hrissa douce

Ingrédients

- 1 kg d'amandes
- 4 graines d'amande amères
- 750 g de grosse semoule
- 300 g de beurre
- 6 œufs
- 1 sachet de levure chimique
- 2 cuillerées à soupe d'eau de fleur d'oranger

Pour le sirop :

- 500 g de sucre
- 1/4 de litre d'eau
- 1 cuillerée à café de jus de citron
- 2 cuillerées à soupe d'eau de fleur d'oranger

Préparation : 15 minutes

Cuisson : de 50 à 60 minutes

Préparation :

- Retirez le beurre du réfrigérateur pour le ramollir.
- Faites bouillir les amandes douces, épluchez et grillez dans un four puis moulez à l'aide du moulin à fruits secs.
- Faites de mêmes avec les amandes amères.
- Tamisez la semoule puis faites-la griller dans une poêle sur feu moyen tout en remuant continuellement.
- Faites chauffer le four à 190 ou 200°c.
- Dans une jatte mélangez la semoule, les amandes moulues (laissez 3 cuillerées pour la garniture), le sucre, la levure et une pincée de sel, puis ajoutez le beurre, les œufs, les amandes amères et l'eau de fleur d'oranger, mélangez bien pour obtenir une pâte homogène et consistante, ajoutez un peu d'eau froide si nécessaire.
- Huilez un plat de 30x50 cm, versez le mélange et aplatissez sa surface, laissez cuire pendant environ 30 minutes.
- Faites fondre le sucre dans l'eau sur un feu moyen ; enlevez la mousse puis ajoutez l'eau de fleur d'oranger et le jus de citron, laissez bouillir jusqu'à épaississement.
- Retirez le plat du four quand l'harissa est prête et sa surface est devenue croustillante, arrosez de sirop encore chaud et remettez-la au four quelques minutes, garnissez d'amandes moulues ou d'amandes entières, laissez refroidir puis coupez en petits carrés.

5

2

3

4

Gâteau au sorgho

Préparation : 30 minutes

Cuisson : 40 minutes

Ingrédients

- 500 g de sorgho
- 150 g de farine
- 1/10 litre de lait
- 50 g de beurre
- 2 œufs
- 1 sachet de levure
- 50 g de raisins secs
- 250 g de sucre
- 100 g de graines de sésame triées et lavées (ou 50 g de graines de sésame et 50 g d'amandes)
- 1/4 cuillerée à café de sel
- 1/4 cuillerée à café de bicarbonate

Préparation :

- Faites griller les graines de sésame sur feu doux pendant 10 minutes,
- Tamisez le sorgho et la farine, ajoutez le sel, la levure et le bicarbonate.
- Mélangez l'huile et le beurre fondu avec les œufs et le sucre, versez ce mélange sur la farine et le sorgho, ajoutez un verre d'eau tiède et mélangez bien.
- Ajoutez les raisins secs et les graines de sésame.
- Dans un plat à four beurré ou recouvert de papier cuisson, versez le mélange aplatissez sa surface et saupoudrez de graines de sésame.
- Mettez dans un four préchauffé à 200 °C pendant 40 minutes environ, vérifiez la cuisson en enfonçant un couteau, (il doit sortir sec), laissez refroidir avant de démouler .

1 2

3

4

5

Gâteau aux fruits secs

Préparation : 20 minutes

Cuisson : de 25 à 30 minutes

Ingrédients

- 1 bol de fruits secs concassés : noisettes, amandes, pistaches
- 1 bol de beurre
- 1 bol d'œufs
- 1/2 bol de sucre
- 1 bol de farine
- 1 sachet de levure
- 1 sachet de vanille

Pour le sirop

- 500 g de sucre
- 1 verre d'eau
- 1 cuillerée à soupe de jus de citron
- 2 cuillerées à soupe d'eau de géranium

Préparation :

- Faites griller les fruits secs et broyez-les à l'aide du robot.
  Mélangez la poudre de fruits secs avec la farine et la levure.
- Mélangez le beurre fondu avec les œufs, le sucre et la vanille.
- Versez le mélange d'œufs et de beurre sur le mélange de fruits secs et de farine.
- Remuez les ingrédients à l'aide d'une cuillère en métal pour les rendre homogène.
- Versez le mélange dans un moule rond beurré et couvert de papier de cuisson, essuyez la surface et mettez au four préchauffé à 180°c pendant 25 à 30 minutes.
- Vérifiez la cuisson à l'aide d'un couteau.
- Entre-temps, préparez un sirop léger comme déjà expliqué ailleurs.
- Retirez le gâteau du four, arrosez de sirop pour le rendre mou et saupoudrez de pistaches moulues, garnissez de pignons.

1
2
3
4

Bjaouia

Préparation : 60 minutes

Cuisson : 15 minutes

Ingrédients

- 500 g d'amandes décortiquées
- 200 g de noisettes décortiquées
- 100 g de noix
- 100 g de pistaches
- 50 g de pignons

Pour le sirop :

- 500 g de sucre
- 1 verre d'eau
- 1/2 petit verre d'eau de géranium
- 1 cuillerée à soupe de jus de citron

Préparation :

- Faites griller les fruits secs séparés dans une poêle sur feu doux.

  Broyez les fruits secs (sauf les pignons)

  Pour préparer le sirop :
- Dans une casserole, mettez le sucre et l'eau, portez sur le feu, quand le sucre se dissout, enlevez la mousse puis ajoutez le jus de citron et l'eau de géranium, laissez cuire jusqu'à épaississement.
- Mettez tous les fruits secs dans un bol, arrosez de sirop encore chaud, mélangez jusqu'à obtenir une boule homogène.
- Huilez le plan de travail puis étalez les fruits secs en rectangles de 2 cm d'épaisseur.
- Garnissez la surface de pistaches et de pignons
- Coupez en petits rectangles ou triangles
- Disposez dans des coupes en papier.

4
1
2
3

La Madmouja

Préparation : 50 minutes

Cuisson : 20 minutes

Ingrédients

- 750 g de semoule fine
- 250 g de farine
- 500 g de dattes
- 1 sachet de levure chimique
- 150 g de beurre
- 100 g d'amandes
- 100 g de noisettes
- 2 œufs
- 1/2 cuillerée à café de sel fin
- 150 ml d'huile

Pour le sirop :

- 350 g de sucre en morceaux
- 1/10 litre d'eau
- 1 cuillerée à café de jus de citron
- 4 cuillerées à soupe d'eau de géranium
- 2 cuillerées à soupe de beurre
- huile de friture

Préparation :

- Dans une jatte, tamisez la semoule, ajoutez la farine, le sel, le beurre, les oeufs et l'huile, pétrissez avec les mains en versant une quantité suffisante d'eau tiède jusqu'à obtention d'une pâte homogène, couvrez et laissez reposer pendant une heure, pétrissez bien en vue d'obtenir une pâte molle et visqueuse.
- Triez les dattes et enlevez les noyaux, coupez quelques unes en longueur et réservez pour la garniture, coupez les autres en petits dés.
- Dans une poêle, faites griller les fruits secs sur feu doux, hachez grossièrement à l'aide d'un couteau ou d'une râpe à fromage.
- Dans une poêle, faites chauffer l'huile à grand feu, huilez les doigts, prenez une quantité de pâte de la grosseur d'une pomme, faites-la étaler sur le plan de travail huilé d'1 cm d'épaisseur, plongez-la dans l'huile et faites-la dorer puis laissez s'égoutter.
- Faites de même avec toute la pâte.
- Coupez les galettes en petits morceaux.
- Dans une jatte, mélangez les morceaux de galettes avec les fruits secs hachés et les dés de dattes.
- Arrosez ce mélange de sirop, d'eau de géranium et de beurre fondu.
- Mettez la madmouja dans des petits bols, garnissez de moitiés de dattes.

2

4

5

6

7

La Mahkouka

Préparation : 30 minutes

Cuisson : 30 minutes

Ingrédients

- 1 kg de semoule moyenne
- 1/2 cuillerée à café de sel
- 250 g de fruits secs (pistaches, pignons, amandes, noisettes)
- 500 g de dattes
- 200 ml d'huile
- 200 ml d'eau tiède

Pour le sirop :

- 500 g de sucre
- 1 verre d'eau
- 1 cuillerée à soupe de jus de citron
- 100 g de beurre
- 2 cuillerées à soupe d'eau de géranium

Préparation :

- Dénoyautez les dattes, coupez-les dans le sens de la longueur.
- Versez l'huile sur la semoule, mélangez bien.
- Diluez le sel dans l'eau, ajoutez-le petit à petit jusqu'à obtention d'une pâte qui ressemble à celle du pain.
- Étalez-la dans un plat à four à 1,5 cm d'épaisseur, coupez-la en carrés, mettez au four pendant 25 à 30 minutes jusqu'à obtenir une couleur dorée.
- Entre-temps, préparez le sirop comme expliqué déjà, une fois cuit, ajoutez le beurre et malaxez.
- Retirez la pâte du four et laissez refroidir un peu.

  Écrasez ces carrés avec le robot jusqu'à obtenir une semoule à gros grains.
- Mélangez la mahkouka avec les fruits secs et les dattes coupées puis arrosez de sirop léger, répartissez-la dans des bols et garnissez de dattes.

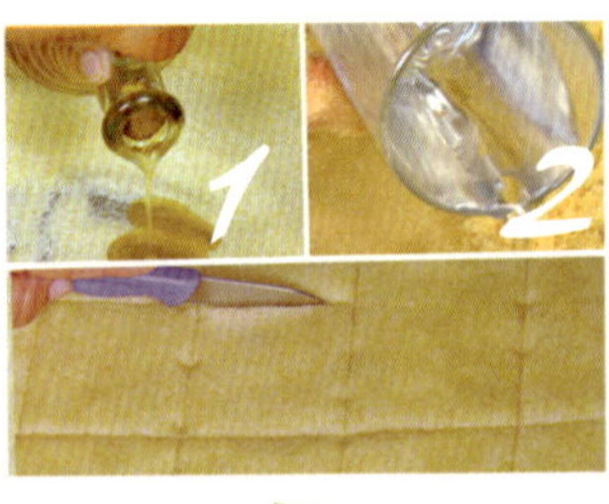

3

4

5
6
7
8
9

Rfissa au riz

Préparation : 30 minutes

Cuisson : 30 minutes

Ingrédients

- 300 g de riz
- 200 g de dattes
- 200 g de fruits secs (amandes, noisettes, noix, pistaches)
- 60 g de beurre

Pour le sirop

- 2 cuillerées à soupe d'eau de géranium
- 150 g de sucre
- 1 cuillerée à café de jus de citron

Préparation :

- Faites griller les fruits secs, concassez-les à l'aide d'un couteau ou d'un hachoir à grands trous.
- Essuyez les dattes avec un torchon, dénoyautez puis coupez en quatre.
- Triez le riz, lavez à l'eau courante puis faite-le bouillir pendant 10 minutes, égouttez.
- Dans un couscoussier, faites cuire le riz pendant 15 minutes à la vapeur, arrosez d'eau si nécessaire.
- Une fois cuit, mettez-le dans un bol, remuez à l'aide d'une fourchette pour séparer les graines , ajoutez le beurre et arrosez de sirop léger, mélangez bien.
- Ajoutez les dattes (réservez quelques unes pour la garniture) et les fruits secs, mélangez tous les ingrédients.
- Garnissez avec des dattes coupées en deux et des pistaches.

1

2

3

4

Rfissa à la sfaxienne

Préparation :
15 minutes

Cuisson :
45 minutes

Ingrédients

- 500 g de couscous moyen
- 1 kg de dattes
- 1 verre d'huile
- 1/2 verre d'eau de fleur d'oranger ou de géranium
- 1 cuillerée à café de boutons de rose séchés en poudre

Préparation :

- Mélangez le couscous sec avec un peu d'huile, arrosez d'un peu d'eau froide, remuez délicatement avec les mains. Laissez reposer pendant 10 minutes pour qu'il absorbe l'eau.
- Faites cuire le couscous à la vapeur pendant 10 minutes.
- Versez le couscous dans un grand plat creux, arrosez d'eau froide, séparez les graines et remettez-le dans le couscoussier et laissez cuire encore 15 minutes.
- Entre-temps, préparez la sauce de dattes.
- Dénoyautez les dattes et coupez-les en petits morceaux, faites-les revenir dans l'huile sur feu doux, remuez continuellement jusqu'à dissolution des dattes, et obtention d'une sauce marron, ajoutez les boutons de roses séchés en poudre.
- Quand le couscous est prêt, il double de volume et ses graines deviennent molles, mettez dans un grand plat, arrosez d'eau de fleur d'oranger et de sauce de dattes, mélangez bien, mettez dans des petits bols et garnissez des datte coupées en deux.

1

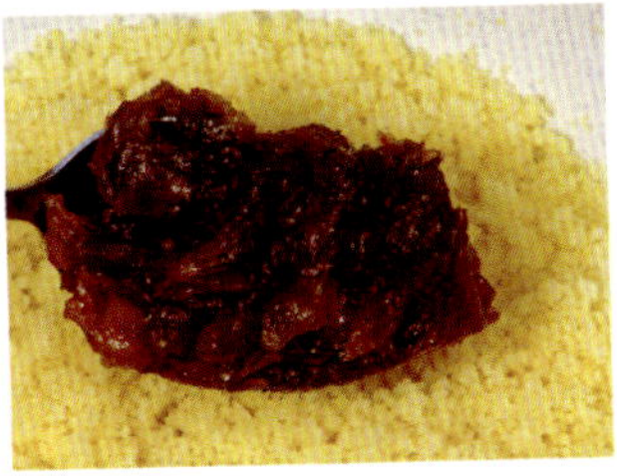

2

Biscuits aux dattes

Préparation : 30 minutes

Cuisson : 25 minutes

Ingrédients

Pour la pâte :
- 500 g farine
- une pincée de sel
- 1 œuf
- 1 petit verre de beurre fondu
- 2 cuillerées à soupe de sucre glace
- 2 cuillerées à soupe d'eau de rose

Pour la farce :
- 500 g de dattes
- 1/2 cuillerée à café de cannelle
- 2 blancs d'œuf

Préparation :

- Dans un grand bol versez la farine, ajoutez l'œuf, le beurre, le sel, l'eau de rose et le sucre, pétrissez le mélange jusqu'à obtention d'une pâte molle, enroulez-la dans le papier de cuisson et laissez reposer pendant 30 minutes.
- Entre-temps lavez les dattes ou essuyez-les avec une serviette mouillée et dénoyautez.
- Hachez les dattes à l'aide d'un robot électrique ou d'un hachoir manuel, ajoutez la cannelle et les blancs d'œuf
- Sur le plan de travail fariné, étalez la pâte jusqu'à obtenir une feuille fine, coupez-la en rubans de 10 cm de largeur.
- Posez le boudin de dattes sur la pâte, enroulez jusqu'à le recouvrir, badigeonnez les extrémités de pâte avec le blanc du 2ème œuf, collez pour obtenir un cercle, disposez les biscuits sur une plaque beurrée.
- À l'aide d'un pinceau, badigeonnez les biscuits de jaune d'œuf.
- Mettez au four pendant 15 minutes.

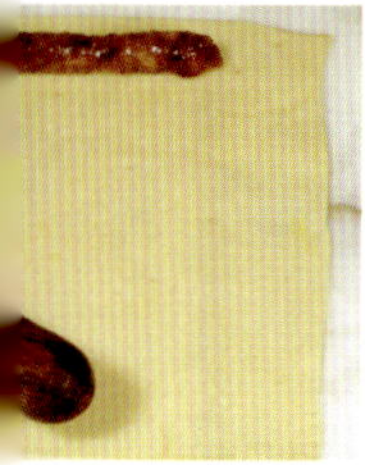

1

2

3

Bambalouni

Préparation : 40 minutes

Cuisson : 30 minutes

Ingrédients

repos de la pâte : 6 heures

- 500 g de farine
- 1 cuillerée à soupe de levure de boulanger
- 1/2 cuillerée à café de sel
- 3 œufs
- huile de friture

Préparation :

- Mélangez la farine avec le sel.
- Diluez la levure dans un verre d'eau tiède avec un peu de sucre, laissez lever pendant 15 minutes, versez-la ensuite sur la farine avec une cuillerée à soupe d'huile, pétrissez bien avec les mains en ajoutant petit à petit une quantité d'eau tiède jusqu'à obtention d'une pâte homogène et élastique.
- Couvrez et laissez levez entre 6 et 8 heures.
- Quand son volume double, et des boules d'air apparaissent, mélangez bien à l'aide d'une spatule ou d'un fouet manuel pour que la pâte devienne homogène et légère, ajoutez les œufs et battez.
- Dans une large poêle, mettez l'huile sur feu vif.
- Mouillez les mains avec de l'eau froide, prenez une boule de pâte de la grosseur d'une petite orange, formez-la avec les bouts des doigts en forme d'un beignet rond à bord épais et au centre fin et troué, plongez délicatement dans l'huile, laissez cuire pendant 2 minutes, des deux côtés, laissez s'égoutter, recommencez jusqu'à la fin de la pâte.
- Présentez les beignets chauds enrobés de sucre, ou trempés dans un sirop ou dans le miel.

4
1
2
3

Les beignets (youyou)

Préparation : 30 minutes

Cuisson : 30 minutes

Ingrédients

- 500 g de farine
- 5 œufs
- sachet de vanille
- 1 sachet de levure
- 1 verre d'huile
- 1/2 cuillerée à café de bicarbonate
- 1/2 cuillerée à café de sel
- 8 cuillerées à soupe de sucre semoule
- huile de friture

Pour le sirop :

- 500 g de sucre
- 1 citron
- 1 cuillerée à soupe d'eau
- de fleur d'oranger ou de géranium

Pour la garniture :

- 50 g de noisettes ou 50 g de pistaches moulues

Préparation :

- Mélangez la farine, la levure, le sel et le bicarbonate.
- Versez le mélange des œufs sur le mélange de la farine, mélangez bien et pétrissez.
- Laissez reposer la pâte pendant 30 minutes.
- Étalez la pâte sur un plan de travail huilé, découpez en rondelles à l'aide d'un verre retourné ou un moule rond, trouez au centre.
- Faites frire ces rondelles dans l'huile abondante et chaude.

Préparation du sirop :

- Mettez le sucre avec un verre d'eau sur feu doux pendant 15 minutes, quand il s'épaissit, ajoutez le jus de citron, laissez bouillir pendant 5 minutes, ajoutez l'eau de fleur d'oranger.
- Plongez les beignets dans le sirop encore chaud pendant quelques minutes, puis disposez dans un plat et saupoudrez de noisettes ou de pistaches moulues.

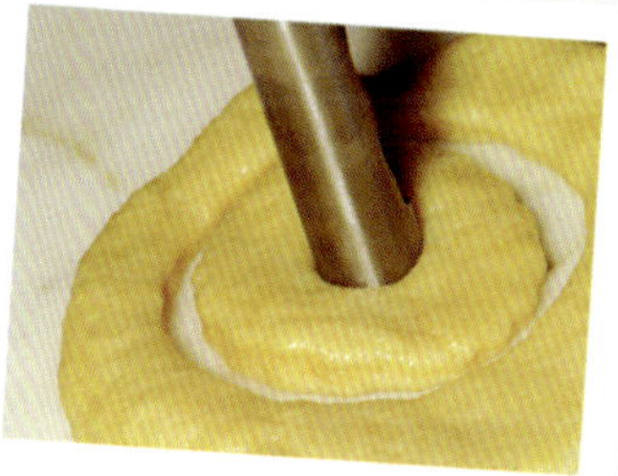

3

4

5

Lamkhakh

Préparation : 15 minutes

Cuisson : 30 minutes

Ingrédients

- 12 feuilles de brik
- 200 g de pistaches moulues
- 50 g de beurre

Pour la crème :

- 4 cuillerées à soupe de sucre
- 2 jaunes d'œuf
- 5 cuillerées à soupe d'amidon
- 1 litre de lait
- 2 cuillerées à soupe d'eau de géranium
- huile de friture

Préparation :

- Préparez la crème comme expliqué auparavant, (elle doit être épaisse).
- Étalez les feuilles de brik sur le plan de travail, badigeonnez de beurre fondu, pliez les bords pour obtenir un carré, disposez une cuillerée de crème au centre, enroulez et collez son extrémité par le blanc d'œuf.
- Faites frire lamkhakhs dan l'huile chaude sur les deux côtés, laissez s'égoutter.
- Préparez un sirop léger comme expliqué auparavant.
- Plongez lamkhakh dans le sirop encore chauds et enrobez-les de poudre de pistaches.
- Présentez chauds ou froids.
- À manger de préférence le jour même de la préparation.

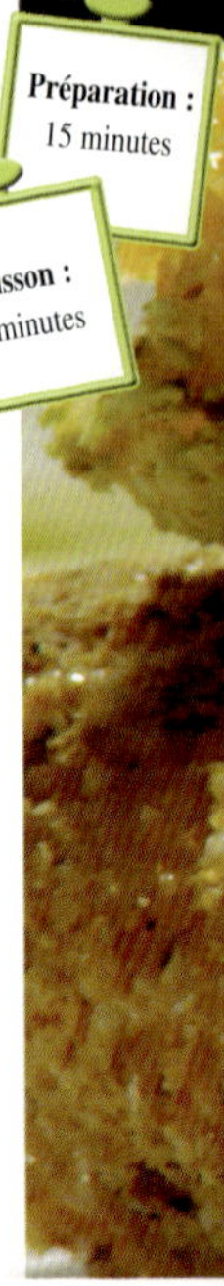

1

2

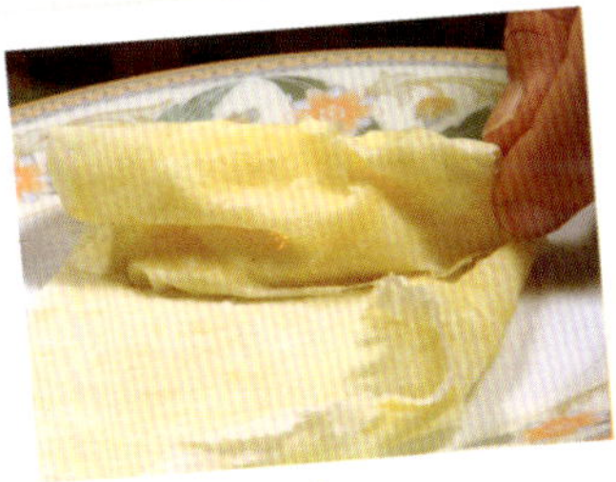

3

4

5

Laklouka

Préparation :
45 minutes

Cuisson :
60 minutes

Ingrédients

- 300 g de raisins secs noirs sans noyaux
- 400 g de bsissa de blé
- 400 g de sorgho
- 200 g de graines de sésame
- 200 g d'amandes broyées
- 1/20 litre d'huile

Préparation :

- Dans une poêle faites griller les graines de sésame pendant quelques minutes sur feu doux tout en remuant continuellement.
- Faites griller les amandes puis broyez.
- Triez les raisins secs, lavez-les bien puis broyez-les à l'aide d'un hachoir à viande, puis ajoutez un peu d'eau, pétrissez avec les mains et faites essorez son jus.
- Mettez le jus de raisins secs dans un faitout avec l'huile, posez sur le feu tout en remuant de temps à autre jusqu'à épaississement, versez alors la bsissa et le sorgho petit à petit en remuant puis ajoutez la moitié des graines de sésame et les amandes.
- Fouettez le mélange à l'aide d'un fouet en bois jusqu'à le rendre homogène et sans se coller aux parois du faitout, retirez la laklouka du feu.
- Quand elle refroidit, coupez-la en petits morceaux égaux, formez des carrés ou des boudins ou des losanges.
- Enrobez-les du reste de graines de sésame.
- À conserver longtemps dans une boîte bien fermée.

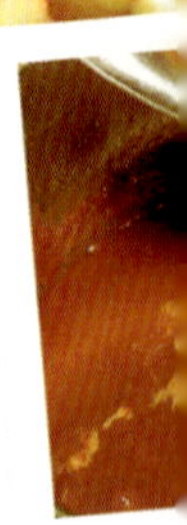

5
1
2
3
4

Mhancha

Préparation :
30 minutes

Cuisson :
25 minutes

Ingrédients

- 1 kg de citrouille
- 100 g d'amandes
- 100 g de noisettes
- 100 g de sucre glace
- 12 feuilles de brik
- 50 g de beurre fondu
- huile de friture

Préparation :

- Faites griller les amandes et les noisettes, hachez-les avec un hachoir de fruits secs.
- Épluchez la citrouille et coupez-la en dés, faites-les bouillir dans un verre d'eau, égouttez et écrasez à l'aide d'une fourchette.
- Mélangez avec les amandes, les noisettes et le sucre afin d'obtenir un mélange homogène.
- Étalez les feuilles de brik, badigeonnez de beurre à l'aide d'un pinceau.
- Pliez les bords de la feuille de brik et disposez une cuillerée à soupe du mélange au centre, enroulez la feuille afin d'obtenir un bâtonnet.
- Faites frire les bâtonnets dans l'huile chaude et abondante.
- Saupoudrez de sucre glace ou trempez-les dans un sirop léger.

1
3
4
5

Samsa aux graines de sésame

Préparation : 40 minutes

Cuisson : 20 minutes

Ingrédients

- 12 feuilles de brik spécial samsa
- 300 g de graines de sésame
- 100 g de sucre glace
- 4 cuillerées à soupe d'eau de géranium
- 50 g de beurre

Pour le sirop

- 500 g de sucre en morceaux
- 1 cuillerée à soupe d'eau de géranium
- 1 cuillerée à café de jus de citron
- 1/5 de litre d'eau
- amandes broyées

Préparation :

- Faites griller les graines de sésame quelques minutes sur feu doux ou au four moyen, moulez à l'aide du moulin à fruits secs, ajoutez le sucre glace et l'eau de géranium, pétrissez jusqu'à obtention d'une pâte homogène.
- Coupez les feuilles de brik en rubans de 7 cm de largeur, badigeonnez de beurre fondu.
- Mettez sur l'extrémité de chaque ruban une cuillerée à café de pâte de sésame, pliez la feuille en l'inclinant pour obtenir une forme triangulaire, continuez jusqu'à la fin de la pâte.
- Faites chauffer l'huile dans un récipient profond, faites frire les triangles de samsa des deux côtés, laissez s'égoutter dans une passoire.
- Passez les samsas dans le sirop puis saupoudrez d'amandes broyées, disposez dans un plat, et présentez-les froides.

observation : vous pouvez remplacer les graines de sésame par les amandes et les noisettes, ainsi on obtiendra des samsa aux noisettes ou aux amandes.

4

1

2

3

Tekwa aux graines de sésame

Préparation :
30 minutes

Cuisson :
15 minutes

Ingrédients

- 500 g de graines de sésame
- 150 g de sucre semoule
- 100 g de sucre glace
- 1/2 verre d'eau de rose

Préparation :

- Triez les graines de sésame, lavez à l'eau courante dans un tamis, faites sécher au soleil ou au four, faites-les griller dans une poêle sur feu moyen tout en remuant continuellement, retirez et ajoutez le sucre, moulez jusqu'à obtention d'une pâte, arrosez d'eau de rose.
- Prenez une 1/2 cuillerée à soupe de cette pâte et formez une boulette dans la taille d'une noix.
- Enrobez ces boulettes de sucre semoule et présentez.
- À conservez dans une boîte pendant une semaine.

Vous pouvez acheter les graines de sésame moulues, ajoutez alors le sucre et l'eau de fleur d'oranger et pétrissez.

1

2

3

Dattes farcies

Préparation :
45 minutes

Cuisson :
0 minute

Ingrédients

- 1 kg de dattes
- 250 g d'amandes moulues
- 250 g de pistaches moulues
- 150 g de sucre glace
- 4 cuillerées à soupe d'eau de roses
- 4 cuillerées à soupe de sucre semoule

Préparation :

- Faites griller légèrement les amandes et les pistaches décortiquées, broyez-les dans un moulin à fruits secs jusqu'à obtention d'une poudre.
- Pour la pâte d'amandes : mélangez la poudre d'amandes avec la moitié du sucre glace et 2 cuillerées à soupe d'eau de rose, pétrissez jusqu'à obtention d'une pâte facile à modeler, ajoutez un peu d'eau de rose si nécessaire.
- Préparez la pâte de pistaches de la même manière en utilisant le reste du sucre.
- Choisissez des dattes de taille moyenne, souples et sans défauts, ouvrez les dattes sur un côté, enlevez le noyau en gardant sa forme.
- Formez des petits boudins avec la pâte d'amandes trois fois plus grands que le noyau de datte.
- Remplissez les dattes par la pâte d'amandes, enrobez de sucre semoule.
- Faites de même avec la pâte de pistache.
- À conserver dans une boîte jusqu'à présentation.

1

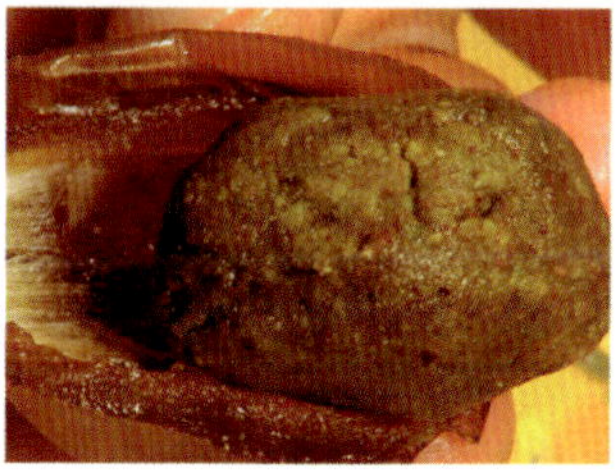

2

3

Beignets du "Paradis"

Préparation : 20 minutes

Cuisson : 20 minutes

Ingrédients

- 300 g de farine
- 1 pincée de sel
- 75 cl de lait
- 50 g de sucre
- 1 cuillerée à soupe de beurre
- 3 œufs
- 1 cuillerée à soupe d'eau de fleur d'oranger
- 1 cuillerée à café de levure chimique
- huile pour friture

Pour la garniture :

- graines de sésame grillées ou fruits secs grillés et moulus

Pour le sirop :

- 500 g de sucre
- 2 cuillerées à soupe d'eau de fleur d'oranger ou de géranium
- 1 cuillerée à soupe de jus de citron

Préparation :

- Tamisez la farine, mélangez avec la pincée de sel et la levure.
- Dans un bol battez les œufs à l'aide d'une fourchette, ajoutez le sucre, le beurre fondu et l'eau de fleur d'oranger, mélangez bien.
- Ajoutez la farine et versez le lait petit à petit tout en continuant de remuer jusqu'à obtention d'une pâte liquide sans grumeaux.
- Faites chauffer l'huile dans un récipient creux pour recouvrir le moule.
- Plongez le moule dans l'huile chaude puis subitement dans la pâte. Une couche légère va s'y coller ; plongez alors dans l'huile pendant une minute, retirez dès que la pâte devient dorée.
- Enlevez les galettes obtenues à l'aide d'un couteau et mettez dans une passoire pour les égoutter.
- Continuez ainsi jusqu'à la fin de la pâte.
- Plongez les galettes dans le sirop l'une après l'autre, disposez-les dans un plat puis saupoudrez de fruits secs ou de graines de sésame ou de sucre semoule.

1
2
3
4

Brik au lait

Préparation :
15 minutes

Cuisson :
45 minutes

Ingrédients

- 1 litre de lait
- 2 jaunes d'œuf
- 4 cuillerées à soupe d'eau de géranium
- 4 cuillerées à soupe de sucre
- 5 cuillerées à soupe d'amidon
- 12 feuilles de brik
- 50 g de beurre
- 100 g de pistaches décortiquées et moulues
- du sirop

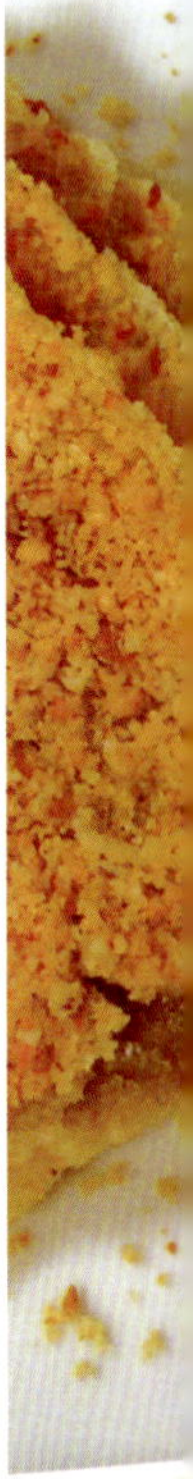

Préparation :

- Diluez les jaunes d'œuf, l'amidon et le sucre dans le lait froid, portez sur feu doux tout en remuant jusqu'à épaississement de la crème ; ajoutez 2 cuillerées d'eau de géranium, retirez du feu dès ébullition, laissez refroidir, (la crème doit être épaisse).
- Faites fondre le beurre, badigeonnez les feuilles de brik étalées sur le plan de travail avec le beurre des deux côtés à l'aide du pinceau, dans un plat rond beurré disposez 6 feuilles de brik, versez la crème déjà préparée, recouvrez avec les 6 feuilles de brik restantes après les avoir badigeonnées de beurre.
- Mettez au four pendant 10 minutes.
- Retirez le plat du four et arrosez-le encore chaud de sirop.
- Une fois le plat refroidi coupez en carrés ou en triangles, selon préférence.

6
4
5

Bon appétit

Achevé d'imprimer (juin 2009)